내가 본 세상은 아름다워

이재귀 첫 시집

내가 본 세상은 아름다워

대양미디어

서문
여정

내 나이 어려서 아버지를 잃고
파란만장한 삶이었지만
살아남는 법과
인내와 끈기를 배웠으니
고달프고 슬픈 삶만은 아니더라

청소년 시절
시인이 되기를 꿈꾸며
힘든 시기를 지나는 사람들에게
희망이 되어주는 글들을 써야지 하고
마음속으로 얼마나 다짐했는지 모른다

구슬땀을 흘리며 세월 가는 줄 모르고
세상을 바쁘게 살다 보니
어느덧 중 장년이 되어

그동안 틈틈이 써온 시들을
나를 아시는 지인들과
여러 독자분 앞에 내놓으려니
한편으론 두렵고 가슴 설레기도 한다

이제 남은 삶의 여정이
몇 년일지 알 수 없는 삶이지만
열심히 글도 쓰며
초라하지 않게 살아가야지
새삼 다짐해 본다

바람 부는 언덕에 서서
이재귀

◇ 추천사

순수하고 호기심 가득한
시선을 지닌 사람

성경 잠언에는 "생각 없이 내뱉는 많은 말들"에 대한 경고가 있다. 역시 '말이 많으면 생각이 적어지고, 생각이 많으면 말이 적어진다'는 "말과 생각의 상관관계"는 어느 정도 진실을 담고 있는 듯하다.

나는 이 책의 저자, 이재귀 시인과 가까이서 자주 마주치지만, 그의 목소리를 많이 들을 기회는 드물다. 만나면 서로 반가운 진심을 담아 "안녕하세요" 한마디 나누는 것이 전부일 때가 많다. 그는 이렇게 원래부터 말씀이 많지 않은 분이었다.

뒤늦게, 그가 시를 즐겨 쓰는 시인이라는 사실을 알고 나서야, 왜 말씀이 적은지를 이해하게 되었다. "아, 이분은 말하는 것보다 사유하는 것을 즐기시는 분이셨구나." 늘 생각이 깊기에, 말수가 적었던 것이다.

한편, 이재귀 시인의 목소리는 중년 남성 특유의 무게감보다는 오히려 소년의 명랑하고 맑은 울림에 가깝다. 이는 아마도 나만의 느낌은 아닐 것이다. 겉모습은 결국 내면을 반영하기 마련인데, 그의 소년 같은 목소리의 명쾌함은 아마 그 안에 살아 숨 쉬는 동심童心에서 비롯된 것이리라.

그렇다. 그는 소년과 같은 순수한 눈과 귀로 세상을 바라보고, 미세한 소리 하나도 놓치지 않으려는 순수하고 호기심 가득한 시선을 지닌 사람이다. 그런 그의 감수성과 시각이 오늘 이런 주옥같은 글을 가능케 한 바탕이 되었을 것이다.

시를 쓰기 위해선 약간의 동심이 필요하다. 그러나 우리는 나이가 들수록 일상에 익숙해지고, 심지어 그것을 지루하게까지 여기며 하나님께서 우리 안에 넣어주신 감수성을 잃어버리고 만다. 그런 면에서 이재귀 시인은 하나님께서 주신 시적 감수성이란 달란트를 잘 간직하고 계발해 온, 충성된 청지기라 할 수 있다.

그동안 이재귀 시인이 간간이 선보이던 단편 시들을 접할 때마다 '이 보물 같은 글들이 언제쯤 세상에 정식으로 드러날까' 하며 내심 기다려 왔는데, 바로 오늘 시인의 글 서랍 속에 조심스레 간직돼 있던 보물들이 하나의 완성된 결정체로 세상에 드러나게 되었다. 참으로 축하해

마지않을 일이다. 오랜 인고 끝에 얻은 출산의 기쁨과도 같으리라.

좋은 신앙인이 글을 쓴다는 것은 참으로 귀한 일이다. 그것은 마치 일상이라는 재료들을 영감의 손길로 반죽해 빚어낸 '영의 양식'과도 같기 때문이다. 이런 글은 많은 이들에게 힘과 위로, 그리고 용기를 줄 수 있다. 다윗의 걸작 시편을 읽으며 우리가 삶의 위로를 얻듯이 말이다.

이 시대, 복잡하고 험난한 세상 가운데 살아가는 수많은 독자들이, 신앙인 이재귀 시인의 시를 읽으며 그의 동심 어린 눈과 마음을 함께 나눌 수 있기를 간절히 기도해 본다. 시인이 바라보는 세상과 삶, 그리고 아픔을 그가 어떻게 풀어내는지, 그가 그리는 세계로 독자 모두가 들어가 보길 바란다.

서울수정교회
담임목사 **김정명**

◇ **추천사**

맑고 정감 어린 언어로 자연에 이입

  이재귀 시인의 시에는 따스한 인간애가 묻어나는 정이 흐른다. 땀과 눈물로 대변되는 삶의 애환을 자연과 사물 속에 환치시켜 따뜻하게 표출해냄으로써 단단한 시적 묘미가 느껴진다. 무엇보다 맑고 정감 어린 언어로 자연에 이입시키는 시적 역량은 이재귀 시인의 인생궤적을 더욱 아름답고 풍성하게 만든다. 더욱이 욕심 없이 자연에 순응하며 살아가는 이재귀 시인의 따뜻한 인간애가 가슴 훈훈하게 전해져 와 감동이다.

지구문학 발행인, 문학평론가 **김재엽**

◇ 추천사

맑고 깨끗한 자기만의 시 세계를
구축하는 서정시인

　이재귀 시인의 첫 시집 『내가 본 세상은 아름다워』 상재를 축하합니다.
　늦깎이 시인으로 문단에 나왔지만, 누구보다도 열심히 시작詩作에 임하는 모습이 돋보입니다.
　등단 3년 만에 첫 시집을 상재한다니 그의 성실함에 놀라움을 금치 못하는 바입니다.
　이재귀 시인의 시는, 진솔하고 신앙을 바탕으로 기독교적 상상력을 통해 독자와 만나고 있습니다. 황폐한 현실 속에서 낙원을 상상하고 그 공간을 절대자의 구원으로 실현 가능한 것임을 시의 행간마다에서 엿볼 수 있습니다. 또한, 세상에 물들지 않은 맑고 깨끗한 자기만의 시 세계를 구축하는 서정시인입니다.
　「인생」이란 시에서 이재귀 시인은 "순간순간마다/ 하

얀 종이 위에/ 땀과 눈물로 그려가는/ 가슴 시린 한 편의 삽화"라고 했습니다.

  이처럼 그의 인생 후반은 시로 정화시키며 삽화를 그리며 늘 지금처럼 근면 성실함으로 시와 함께 아름답게 시의 세상을 보며 나이 들어갈 것입니다.

시인, 구로문인협회 고문 **윤수아**

◇ 추천사

첫 시집 출간을 축하하며

　우리는 미완성 존재이기에 완성된 존재로 살아남기 위한 몸부림 속에 살고 있다. 시詩는 이러한 인생으로 살아오면서 가슴 깊이 파고드는 정서적 교감을 감수성에 담아, 그 감정을 세상 사람들과 소통하며 위안과 위로로서 존재의 의미를 추구해 가는 것이다.

　사람들은 세상 의미를 제대로 깨닫지 못하고 부족한 삶 속에 방황하며 아파한다. 시는 인간의 본능을 자극하여 삼라만상森羅萬象 속에서 천태만상千態萬象들과 소통하며, 보고, 느끼고, 감탄하고, 슬퍼하며, 고통과 아픔을 자연과 더불어 천태만상인 그들과의 공감共感으로 이해理解하며 번뇌煩惱를 극복해 간다. 인생 삶의 완성을 추구하고 싶은 인간적人間的 본능本能의 언어 구사로 카타르시스로 완성해 가려고 한다.

　그러기에 이재귀 시인은 대단한 것이다. 이재귀 선생님

이 시인으로 등단하고, 첫 시집까지 출간한다는 것은 인생을 어렵고 힘들게 살아왔음에도 불구하고, 궁극적으로는 인생 자체를 긍정적 사고로 담아내어 인생 여정을 아름답고 멋지게 추구하며 생동적으로 살아왔다는 증거이다.

첫 시집을 출간한다며 축사를 부탁했을 때, 공허함으로 방황하며 외로워하는 사람들에게 필독서必讀書로, '공감의 울림을 선사할 가치 있는 시집이 세상世上에 탄생誕生하겠구나' 생각하며, 흔쾌히 축복하며 감사하는 맘으로 영광스럽게 승낙하게 되었다. 이 시집은 분명 독자들에게 반향反響을 일으킬 수 있는 무엇인가가 담겨 있는 산소 같은 인생 자체이기에, 시집으로 출간함을 축하하지 않을 수 없다.

첫 시집인 『내가 본 세상은 아름다워』는 이재귀 시인이 살면서 경험하고 감당해야 할 것들을 이겨가며 살아온 아픈 인생을, 마음 깊은 속 밀실에 담아두었다가 성숙된 고품격으로 승화시켜, 사람들에게 공감共感의 감동感動을 유발시키면서, 삶의 에너지를 불어넣을 것으로 의심치 않는다. 이재귀 시인은 신앙심信仰心 깊은 안수집사이기 때문이다.

또한, 이재귀 시인은 변함없이 앞으로도 독자와의 공감 속 울림으로 동행하며, 많은 독자의 마음을 위로하고 어루만져주는, 번득이는 신선한 서정적 시상詩想으로 울림 있는 시집詩集들이 많이 발간되기를 기원한다.

　다시 한번 첫 시집『내가 본 세상은 아름다워』발간을 진심으로 두 손 모아 축복하며, 모든 이에게 감동 주고 사랑받는 시인작가로서 탄생되어지기를 기대해본다.

　감사합니다.

충남문화연대 대표, (재)구로문화재단 이사
베스트셀러 작가 깊물(心海) **성 성 모**

차 례

서문 여정 … 4
축사 순수하고 호기심 가득한 시선을 지닌 사람
　　- 김정명 목사 … 6
　　맑고 정감 어린 언어로 자연에 이입
　　- 김재엽 문학평론가 … 9
　　맑고 깨끗한 자기만의 시 세계를 구축하는 서정시인
　　- 윤수아 시인 … 10
　　첫 시집 출간을 축하하며- 성성모 베스트셀러 작가 … 12

제1부 내가 본 세상은 아름다워

　　철쭉 … 22
　　자목련 … 23
　　보름달 … 24
　　벚꽃 … 25
　　겨울나무 … 26
　　봄꽃 … 28

할미꽃 … 30

자존심 … 31

붉은 사과 … 32

그늘 … 33

기분 좋은 날 … 34

헌신짝 … 35

갈대 … 36

땡볕 … 37

꽃길 … 38

고추잠자리 … 39

향기 … 40

이 가을엔 … 42

제2부 행복은 그 어느 곳에

행복이란 … 44

감사 … 46

가족 … 47

마음을 비우고 … 48

행복 만들기 … 49

말 한마디 … 50

평안 … 51

네 탓 내 탓 … 52

안식처 … 54

부부 … 55

결혼 … 56

햇살 … 58

추운 날 … 59

명품 … 60

기회 … 61

검정 고무신 … 62

제3부 내일의 희망

열매 … 66

건배 … 67

삶의 의미 … 68

인생아 내 아픈 인생아 … 69

가보지 않은 길 … 70

미로 같은 세상 … 71

붕어빵 … 72

노력 … 74

할 수 있어 … 75

최후의 승리자 … 76

주연배우 … 78

제4부 살다 보면

마라톤 … 80

불꽃 … 82

인생이란 … 84

아침 달 … 85

잡초의 꿈 … 86

살다 보니 … 88

일어나 … 90

거목 … 91

정답 없는 삶 … 92

뜨거운 심장 … 93

제5부 저 하늘에도 슬픔이

본향 … 96

잠들다 … 98

아들아 … 100

어머니 … 102

그 이름 아버지 … 104

내 생애 마지막 한 달 … 106

낙화 … 108

삶의 무게 … 110

지금 여기에 … 112

인생 … 114

제6부 살아 있음에 감사

하소연 … 116

자전거 뒷바퀴 … 117

불공평한 세상 … 118

눈물 … 120

그림자 … 122

빈손 … 123

생각 … 124

커보니 알겠더라 … 126

세월 … 128

제7부 그대 향한 그리움

단풍 … 130

여인 꽃 … 131

추억하나 … 132

낙엽 비 … 134

종이배 … 136

이슬 … 137

가을이 오면 … 138

그대 떠나고 … 140

비바람 되어 … 142

바람에 싣고 … 143

호수 … 144

가을비 … 145

아픈 사랑 … 146

당신 꽃 … 148

못다 한 사랑 … 150

시평 그동안 뛰어난 문학의 재능을 오랫동안 서랍에 가두었다 … 152

제1부

내가 본 세상은 아름다워

철쭉

더불어
사는 세상

한평생
홀로 있기 너무
외로워

고운 빛깔로
오손도손
무리 지어 핍니다.

자목련

그대 사랑한다
수줍어 말 못 하고

이 봄도

얼굴만 붉게
달아오릅니다.

보름달

어둡고 혼탁한 이 땅에
달빛 고이 비추이려니

보름달도 이 밤엔
힘이 부치나 보다

저 산마루 나뭇가지에
걸터앉아

헉헉거리며
쉬는 모습이.

벚꽃

그 추웠던 북풍한설
견디고
가로등 불빛 아래

연분홍 치마 입고
하늘거리는
황홀한 네 모습에

사랑에 상처 입고
세상 삶에 지친
이내 마음 너를 보며

잠시나마
세상 근심 다 잊고 마음에
평안을 얻는구나.

겨울나무

삭풍 부는 한겨울
벌거벗은 앙상한 가지는
자신의
초라한 모습 보이기 싫어

잠시나마
하얀 눈꽃으로 단장하고
그 수많은 세월
자존심으로 견디다 보니

칼바람 부는 날엔 부르르 떨며
속울음으로 참아내는
가련한 모습은
참으로 보기에 안쓰럽구나

세상 삶이
너나 나나 어찌 보면
동병상련 같은 처지로구나

앙상한 가지에 따스한 봄을
기다리는 겨울나무처럼
참고 기다리다 보면

나에게도
가지에 싹 틔우고 열매 맺는
그런 날이 올 거야
반드시 올 수 있을 거야.

봄꽃

꽃들아 새싹들아
그 추웠던 날들
잘 견뎌줘서 고마워

이제 햇빛 따스한
날들만
있는 거 알지

조만간
싱그런 풀 내음과
예쁜 꽃망울 터뜨리며

활짝
웃는 모습도
보여줘

겨우내 움츠렸던
내 마음도
활짝 웃는 네 모습 보며

덩달아
밝은 미소
지을 수 있게.

할미꽃

한세상을 집도 절도
없이
바람 부는 산기슭에서

비바람 맞아가며
외롭고 힘들게 살다 보니
등은 휘고
머리는 새하얗게 변했지만

그래도 나는
바람 부는 산기슭
양지바른 무덤가에서

외로이 잠든 사람들
위로해 주며 좋은 친구가
되어주기도 한다네.

자존심

꺾인 꽃이라고
무시하느냐

가지에
맺혀 있어야지만

예쁘고 아름다운
꽃이더냐

꺾이어 길바닥에 뒹굴어도
짓밟지는 말아다오

시들어 볼품없을지라도
여전히 한 송이 꽃으로 남아있고 싶은

마지막
자존심이니.

붉은 사과

붉게 물들어 잘 익은
사과

한 입 깨물고
속을 들여다보니 하얗다

겉과 속이 다른 게
어찌 사과뿐이리오

세상사 살다 보니
겉과 속이 다른 사람도 많더라.

그늘

작은
나무는 더운 날

쉴만한 그늘이
돼 주지 못하지만

큰
나무는 돼 주더라

사람도
마찬가지더라.

기분 좋은 날

잘한다
멋지다
예쁘다
사랑스럽다

칭찬 한마디에

오늘은
하루 종일
기분이
참 좋다.

헌신짝

그동안 제 몸에
구멍이 나도록
닳고 닳아 가며
자신을 희생시키고

머나먼 길을 함께 걸어도
불평 한마디 없이
내 발을 감싸주고
함께해 줘서 정말 고맙다

이제
네 할 일을 다 했으니
아쉽지만 편히 보내주련다
그동안 나와 함께 했던 신발아

이제 그만 쉬려무나
그동안 많이 정들고 정들었던
나의 신발아.

갈대

바람결에 흔들리는
갈대처럼

우리 삶도 세상이라는 굴레에서
이리저리 흔들리며

한평생을 그렇게
살아가는 삶인 것을.

땡볕

한여름에 타는듯한
저 붉은 태양은

하루가 멀다 하고
뜨거운 열기만 뿜어내더니

오늘은 힘들고 지쳐서
몸살이라도 났나 보다

저
구름 뒤에 숨어서

이글이글 타오르는
그 모습 보이질 않으니.

꽃길

온실의 화초처럼
한평생
평탄한 꽃길만 걷는 게
행복인 줄 알았지만

가시덤불 험한 길
헤쳐나가며
모든 역경을 딛고
일어선 그 모습이

진정
승리한 행복이고
아름다운 삶이라
말할 수 있으리.

고추잠자리

가을바람
솔 솔 솔 불어오고

맑은 저 하늘가엔
고추잠자리 빙빙빙 허공을
맴돌며 나는데

나도 날개를 달고
고추잠자리처럼 허공을
높이높이 날아가고파

저 산 너머엔
나도 좋아하고
세상 모든 사람들 다 좋아하는

반짝반짝 빛나는 황금이
기다리는
꿈꾸던 그런 세상이 있을까?

가고파 날아가고파
저 하늘 높이.

향기

아름답지만
향기가 없는 꽃이 있고
아름답진 않아도
향기가 진동하는 꽃이 있듯

겉보기에 멋져 보이나
자신밖에 모르는 이기적인
행동으로
마음을 상하게 하는
사람이 있고

차림새는 언제나 수수한
모습이지만
사람에게 최선을 다하여
삶에 향기가 진동하는
사람이 있다

향기가 진동하는 사람은
내 마음의 꽃이 되어
입가에 빙그레
미소를 머금게 한다

과연 나는
어떠한 사람이
될 것인가?

이 가을엔

가을이 흐르는 길가에
코스모스 한들거리며
들녘엔 오곡백과 풍성히
열매 맺는 결실의 계절 이 가을엔

사랑하는 당신과
손을 맞잡고
호젓한 오솔길을 거닐고
싶습니다

거센 비바람과 뜨거운 태양
장마와 폭염도 견디어 내고
알알이 영그는 곡식의 낟알처럼
결실이 충만한 계절

이 가을엔
우리의 사랑도
더욱더 깊어만 가면
좋겠습니다.

*《지구문학》등단 수상작

제2부

행복은 그 어느 곳에

행복이란

하루하루 살아가며
행복이란 무엇일까
생각도 많이 해 봤는데
행복 그것참 별것 아니더라

계절 따라
활짝 핀 예쁜 꽃을 바라보고
맛있는 음식과 커피
도란도란 나누며

아이들 즐거운 노래 부르고
장난치며
천진난만한
웃음소리 들으면

나도 모르게 마음이
밝아지고
입가에 미소가 번지는
오늘처럼

아무 탈 없이 하루하루
사랑하는 사람들과
정겨운 대화 나누며
웃을 수 있다는 게 행복이더라.

감사

세상을 숨 가쁘게
여기까지 살아온 것도
돌아보면 다 감사함뿐인데

무엇을 더
욕심내며
살아가야 되는지요

우리 가족 하루 일과가 끝나면
모두 모여 그날에 있었던
즐거운 대화 나눌 수 있고

편히 쉴 공간이 있으니
하루하루가 삶에 대한
즐거움과 감사함뿐이라오.

가족

이기적인
행동으로

나 하나만 잘 먹고 잘살기 위해
사는 삶이 아닌

따스한 정과 사랑
그리고 관심과 배려로

한평생 서로
응원하고 격려하며

살아가는 게
진정한 가족이야.

마음을 비우고

소변이 급하면 안절부절
그
무엇도 할 수 없고

소변을 비워야
몸도 마음도
개운하고 시원하다

마음을 비우자
욕심도 차고 넘치면 남에게
못 할 일들을 할 수 있다

부족하더라도 마음을 비우고
탐욕을 내려놓자
살아가는 게 항상 즐겁다.

행복 만들기

성격은
일부 가지고 태어나지만

행복은 가지고
태어나는 게 아닌

한평생
살아가면서

선택하고
만들어가는 것이더라.

말 한마디

비난과
비관적인 말 한마디가

송곳이 되고 비수가 되어
가슴에 크나큰 상처가 되지만

칭찬과 격려
말 한마디에

사기충천하여 모든 일을
잘할 수 있게 만드는 힘이 있더라.

평안

하늘에서 내리는
하얀 눈꽃 송이도
처음엔 운치 있게 바라보지만
많이 내려 쌓이면 재앙이 되듯

우리 마음에 부정적 생각
비관적 생각이
쌓이기 시작하면
생명까지도 위협하게 된다

긍정적인
생각
즐거운 생각으로
방향을 선회하면

비록
가진 재물이 많지 않아도
세상을 살아가는 게
기쁨이자 행복인 것을.

네 탓 내 탓

내 의지에 상관없이
부모님 선택으로 세상에
태어나
가족이 되었고

수많은 사람 중에 단 한 사람
서로 원해서 부부 되어
살아온 날보다 살아갈 날이
더 많이 남은 한 가족 되었으니

행여 살다가 꽃길이 아닐지라도
서로 네 탓 내 탓 원망하지 말고
돌부리 자갈밭일지언정
서로 합심하여 옥답으로 가꾸어 보자

내가 원해서 태어나
자라날 아이들도
가족이라는 테두리 안에
성장할 텐데

가족이 공존할 수 있는
사랑이 넘치는 가정
천국 같은 가정을 만들고
소중하게 가꾸어 나가자.

안식처

내가 거주하는
공간이
몇 평이면 어떠리오

내가 앉고 눕고
편하게 앉아서
식사할 수 있는 이곳이

나와 가족에게는
세상에서 가장 편하고 좋은
안식처인 것을.

부부

사랑스러운 눈빛
정감 있는 말투로

아침에 따뜻한 한 잔의
커피를 건네며

당신을 향한
따스한 내 마음이야

사랑이 담긴
이 한마디에

오늘 하루도 행복이
철철 넘친다.

결혼

주님

세상에 태어나 이 한 사람을
만나고 사랑하기 위해
오랜 시간 인내하며
기다렸습니다

현악기가 한 몸인 것 같아도
줄이 다르고
음이 달라도
서로 받쳐 주고 잘 어우러지듯이

살던 공간이 달라
먹는 맛과
생활 방식도 달랐지만
살아가며 맞추어 가게 하시고

사랑이라는 이름으로
구속하지 않게 하시며

비바람 부는 날엔
우산이 되어주고
햇빛 뜨거운 한여름엔
그늘이 되어주며

내가 하는 이야기 귀담아들어 주고
서로가 언제나 내 편이 되어주는
그런 사랑으로
한평생 살아갈 수 있게 해 주세요.

햇살

있잖아 햇살이 강하면
눈을 뜰 수가 없고
설령 눈을 떴다 해도
앞이 잘 안 보여

그럴 땐
강하게 내리비치는 햇살을 가리고
아주 천천히 이동해야 돼

한평생 살다 보면 인생길도
마찬가지야

강한 햇살 내리 비추이듯이
앞이 잘 보이지 않고
판단력이 흐려질 때가 있어

그럴 땐 잠시 멈추고
심호흡을 크게 한번 해봐
그러면 앞이 잘 보일 거야.

추운 날

오늘처럼
이렇게 손과 발이
시린 추운 날엔

난로에 빙 둘러앉아
도란도란 즐거운 이야기꽃 피우면
산다는 게 즐거워

살다 보면 우리 마음도
이렇게 추운 날씨처럼
꽁꽁 얼 때가 있어

그럴 땐 좋아하는
맛있는 음식을 먹거나
벗과 함께
차 한 잔으로 이야기꽃을 피우며

꽁꽁 얼었던 마음을
녹여줘야
마음에 병이 치유돼.

명품

학력 좋고 가진
재물이 많아서
온몸에 명품으로 휘감는다고
사람이 명품 되나

비록 몸에
명품은 걸치지 않았으나

타인에게 진지하고
겸손하게 대하는
인격적인 모습에서 나도 모르게
저절로 고개 숙여지게 하는

그런 사람이
존경받고 격이
넘치는
명품 같은 사람이지.

기회

누구에게나
재능은
다 있다

다만
본인이 찾아내고
찾지 못했을 뿐

이처럼
기회도 내가 만들고
찾아내는 것이다.

검정 고무신

바람 부는 언덕에 앉아
살아온 뒤안길 돌아보며
가장 행복했던 시절이
그 어느 때이던가 곰곰이 생각해 보니

아스라이 기억 저편
나 어릴 적 먹을 게
부족하여
배도 많이 고팠고

입을 옷이 없어서 해진
옷을
덕지덕지 바늘로 기워
입고

밤송이 머리에 사시사철
검정 고무신을 신고 다녀
한겨울엔 손과 발이 시려
꽁꽁 얼었어도

소꿉친구들과 철없이
뛰놀던
그 시절이 가장 그립고
행복하였다 말할 수 있으리.

제3부

내일의 희망

열매

꺾어진 꽃에서도
향기는
진동하고

가지에 피어있는
저
아름다운 꽃송이도

햇볕과 비바람에
시들고 지는
인고의 시간을 지나서야

풍성한 이파리와
열매를
맺지 않는가.

건배

술잔을 부딪치는 것만
건배더냐

내게 처한 극한 상황에서도
좌절하지 말고

세상과 부딪혀라
건배하듯이

그동안 굳게 닫혔던
성공의 문이 활짝 열릴 것이다.

삶의 의미

실패와 고난은 나를
강하게 단련시켜 주고

삶의 진정한 의미를
알게 하며

인내와 겸손을
배우게 하더라.

인생아 내 아픈 인생아

삶이 힘들고 괴로울 땐
남모르게 울어도 괜찮아

인생아 내 아픈 인생아
힘들고 괴로울 땐
눈물도 흘리라고
눈물샘도 있는 것이지

가야 할 길 아직 많이 남았는데
인생아 너무 초조해하지 마
가다가 지치고 힘들 땐
잠시 쉬었다 가도 괜찮아

꽃도 피는 순서가 있듯이
참고 기다리다 보면
나에게도 꽃피고 열매 맺을
기회는 반드시 올 거야.

가보지 않은 길

한 번도 가보지 않은
새로운 길을 가보고 싶다

새로운 저 길 끝엔
무엇이 기다리고 있을까
기대도 되고 가슴도 설렌다

콜럼버스가 개척 정신으로
신대륙을 발견하였듯이
나 또한 그런 신대륙을 발견하고
개척해 보자

한 번도 가보지 않은 저길 끝
비록 신대륙은 아닐지라도
실망하지 말고
도전 정신으로 개척해 보자

나에게도 미래를 위해
발전할 수 있는 절호의
기회가 될 테니까.

미로 같은 세상

거미줄처럼 얽히고설킨
미로 같은 세상

그 어느 인생은
출구를 빨리 찾아 성공하여
여유로운 삶을 누리고

그 어느 인생은
출구를 찾지 못해 좌절하며
헤매는 삶이지만

내일은 또다시
내일의 태양이
찬란하게 떠오르듯이

좌절하지 않고
희망의 끈을 놓지 않으면
한 줄기 빛과 같은 서광이 보이리

미로 같은 세상의 삶이라지만.

붕어빵

서민들의 간식인
호떡과 붕어빵을
구워 파는
거리의 삶이지만

꿈을 향해
삶의 목표를 정하고
한 발 한 발 힘차게
전진해 보렵니다

남에게
도움을 요청하는 초라한 삶보다

어렵게 사는 사람들에게
따스한 손길 내밀어
줄 수 있는
그런 사람 되기 위해

오늘도 내일도 노력하며
열심히 살아가렵니다
지금은
거리의 삶이라지만.

노력

오늘 계획하고 시작한
일이
실패했다고

내일 또 실패할 것처럼
위축되지 말고
당당하게 어깨를 펴라

어제의 실패를 거울삼아
더욱더 노력하면
다시 일어설 수 있다

노력하지 않고 성공한 사람이
그 누가 있으리오

성공은
피땀
흘린
결실의 대가인 것을.

할 수 있어

지금까지 살아온 과정이
힘들고 어려웠지만
그래도 잘 버텨왔어

모든 일 모든 생각
비관적으로 생각하면
삶에 대한 의욕이 없잖아

설령 계획했던 일이
실타래처럼 잘 안 풀렸다지만
지금까지 과정은 괜찮아

경험이 풍부해야 미래에
힘들고 어려운 세상
헤쳐나갈 수 있어

그리고 무엇보다 난 할 수 있어
내 마음속에 스스로 격려하며
용기를 심어주고 자신감을 불어 넣자.

최후의 승리자

세상이 왜 이렇게
사는 게 힘든 건지

힘들고 어려운 세상
헤쳐나가려니
몸과 마음은 지쳐
피폐해지지만

이 악물고 새로운 각오로
신발 끈 동여매고
새롭게 도전해 보자

세상 삶은
단거리 여행이
아닌
장거리 여행

장거리 여행은
강한 자가
살아남는 게 아닌
살아남는 자가
강한 자이며 최후의 승리자다.

주연배우

우리 삶도
한 편의 드라마처럼
각본대로 살아간다면
그 얼마나 좋을까

하지만 이 생에서는
단 한 번뿐인 삶이라
순간순간마다 각본 없는
드라마 같은 삶을 산다

어차피
한평생 살아가는 삶
비련의
조연배우가 아닌

주연배우 되어
웃으며 해피엔딩을
맞이하는 삶을
살아가면 그 얼마나 좋을까

제4부

살다 보면

마라톤

42.195㎞ 마라톤도
첫발부터 골인 지점까지
인간의 한계를 극복하며
쉬지 않고 달린다

우리 인생길도
골인 지점까지 가다 보면
꽃이 핀 아름다운 동산을
거닐 때도 있고

걷다 보면 돌부리에 걸려
넘어지고
거대한 강물이 앞을
가로막을 때도 있지만

인간의 한계를 극복한
마라토너처럼

가야만 하는 인생길이라면
인내와
즐거운 마음으로 가자
한평생 인생이라는 길을.

불꽃

모든 것을 집어삼킬 듯이
활활 타오르는 저
불꽃을 바라보며
잠시 생각에 잠겨본다

활활 타오르는
저 불꽃도
처음엔 작은 불씨로
시작했겠지

지금까진 모든 일이
잘 안 풀려서 내 안에
욕망이라는 불꽃이
사그라진다

하지만 기운을 내자
낙담하여 주저앉지 말고
내 안에 꺼져가는
불씨를 살려내자

다시 한번 힘을 내서
내 남은 삶
거대한 불꽃을 피워보자
꺼지지 않는 불꽃을.

인생이란

인생은

순간순간마다
하얀 종이 위에
땀과 눈물로 그려가는

가슴
시린
한 편의 삽화요

저마다
인생이라는 무대에서
삶을 연출하는

가슴 벅찬
한 편의
뮤지컬이더라.

아침 달

밤에만 일하는 달님이
오늘은 이 아침에도
하늘에 떠 있으니
달님도 이 늦은 시간까지
어제 못다 한 일을 하는가 보다

산다는 게 뭔지
우리 삶도
왜 이렇게 바쁘게 사는 건지
세상은 항상 바쁘게 돌아가고
하는 일도 많지만

세상에서 가장 소중한 게
사랑하는 가족인데

함께 오손도손
정겨운 이야기꽃 피우며
즐거운 시간도 가져보자

그렇게 사는 것이 행복이고
활기 넘치는 삶인데.

잡초의 꿈

님이여
세상 삶 지치고 힘들고
포기하고 싶을 때

바위틈에
피어있는
저 이름 모를 잡초를 보라

살기 힘든
열악한 환경에서도
살아남기 위한 몸부림으로

그날그날 버티며
반드시 좋은 날 찾아오리라 꿈꾸는
저 이름 모를 잡초를 보라

님이여
세상 삶 지치고 힘든
잡초 같은 삶이지만
살아남기 위한 몸부림으로 버텨보라

사노라면 반드시
꿈꾸던 좋은 날
다시 찾아오리라.

살다 보니

춥고 배가 고파
눈물 젖은 빵도 많이
먹었고
사는 게 힘들어
흘린 눈물도 많았지만

처절하게 배고프고 서러운
그 시절도 견디고
살다 보니 살아지더라

들에 핀
이름 모를 잡초도
허허벌판에 홀로 서 있는
아름드리나무도
살아남기 위해

엄동설한 칼바람 부는
매서운 추위에
자신의 분신과도 같은

잎을 떨어뜨리며
버티고 살아남듯이

우리 삶도
수많은 역경을 딛고
살아남기 위해
버티고 견디어 내자

세월이 흐르니
꽃 피는 봄도 다시 오고
입가에 미소 짓는 좋은 날
다시 찾아오더라.

일어나

한평생 살다 보면
힘들고 외로워서
절망적일 때가 있어

하지만
우리가 꼬옥 기억해야 할 것은
세상이 어두운 밤만 있는 건
아니라는 것

이 밤 지새고 나면
꼬끼오 첫닭 우는
새벽도 오고

따스한 햇볕
내리쬐는
한낮도 있는 거야

그러니 산다는 게 뭐 별거 있어
절망하지 말고 툴툴 털고 일어나
다시 한번 해보는 거야.

거목

하루아침에
거목으로 우뚝 선
나무는 없지 않느냐

언 땅을 뚫고 새싹으로
돋아 나와
수많은 세월 동안

뜨거운 태양 볕과 태풍
칼바람 부는 한파를
온몸으로 부딪히고 견디며
성장해 온 것이지 않느냐

우리네도 한평생 살다 보면
힘들고 어려울 때가 있겠지만
수많은 세월을 견디고 살아온
저 거목처럼 인내하고 잘 견뎌보자

살다 보면 햇빛 따사로운
봄날도 있으리라.

정답 없는 삶

삶이란 무엇일까
살아가는데
정답은 있는 것일까?

모든 문제집엔
정답은 다 있는데
삶을 헤쳐나가는 길엔
왜 정답이 없을까

한평생 살아가는데

정답은 없는 삶이지만
넘어지면 다시 일어서는
오뚝이처럼
답을 찾을 때까지

언제나 최선을 다해
노력하며 살아가는 게
우리 삶의 이유 아닐까.

뜨거운 심장

파도치는 저 바다를 보라
심장이
뜨거워지지 않느냐

우리가 살아가는 세상도
파도치는
저 바다처럼 역동적이다

심장이 멈추는
그날까지
뛰고 또 뛰어보자

설령 결과가
좋지 않을지라도
최선을 다했으면

한평생
살아온 과정에
후회는 없을 것이다.

제5부

저 하늘에도 슬픔이

본향

잠시 세상에 왔다가
부자로 가는 길을
찾지 못해
오늘도 방황하며 헤매네

나 비록
부자로 가는 길은
찾지 못했지만

따스한 정이 강물처럼 흐르는
가장 좋은 곳을 찾았네
이곳은 부자로 가는 길보다
더 좋은 곳

강물이 흘러 바다에
머물듯이
나 이제 이곳에서 사람들과
따스한 정 나누며 머물다

서산마루 지는 해
같이 가자 손짓하면
아름다운 세상 구경 미련 없이
나 이제 본향으로 돌아가리라

돌아가면 말하리
따스한 정이 강물처럼 흐르는
세상은 살기 좋고
참 아름답더라고.

잠들다

나라의 부름 받아
그동안 배우고 익힌 의술로
봉사하고 헌신하다가
나 이곳에 잠들었노라

그리운 어머니 아버지
제가 이곳에 잠들었다고
너무 슬퍼하지 마십시오

여러 사람에게
제 생명 나누어 주고
영원한 생명 약속하신
주님 계신 저 천국으로
조금 먼저 이민 갔을 뿐입니다

어머니 아버지 이 아들 때문에
너무 슬픔에만 잠겨있지 마시고
건강하신 모습으로
오래오래 계시다 다음에

저 천국에서 기쁜 모습으로
만나시게요

사랑하는 나의 동생아
나 때문에 슬픔에만 잠겨 계실
부모님 두 분
생을 다하시는 그날까지 곁에서
내 몫까지 잘 모셔다오 부탁한다
이다음 저 천국에서
다시 만나는 그날까지

* 故 이용민 중위를 기리며

아들아

아들아 그 나라에서는
잘 지내는지 이 엄마 아빠는
네가 그곳으로 떠나고 난 뒤에
가슴이 찢어지고 무너지는
처절한 고통 속에
하루도 눈물 마른 적이 없단다

그래도 이다음 널 만나면
자랑스럽게 이야기해 주려고
네가 네팔에 세운 주님의 교회
헌당식도 다녀왔단다
네가 우리 곁을 떠난 지
어느덧 칠 년이라는 세월이 흘렀구나

눈에 넣어도 아프지 않을 만큼
세상에서 가장 사랑했던
우리 아들아
네가 그래도 순직으로 인정돼서
현충원으로 온다니

고맙고 자랑스럽구나

그리고 네가 먼저 가 있는
주님 계신 저 천국에
우리도 그 언젠가 가겠지
하지만 이 땅에서 사명감으로
주님 복음 더 전하고

네가 주님과 함께 있는
그 나라에서 얼싸안고
이야기꽃 피워보자
사랑한다 아들아 사랑한다
그립고 보고 싶은 우리 아들아.

* 故 이용민 중위를 기리며

어머니

새까맣게 그을린 손으로
이 세상 최고의 밥상을 빚어
한없는 자녀 사랑을 실천하신
어머니

좋은 소식 가지고 달려왔건만
허공을 맴도는 메아리
하늘 저편으로 전해 봅니다

외로움 깊어지면
더욱 사무치게 그리워지는
포근한 어머니의 품

철없는 아들의 투정도
사랑스런 미소로 감싸주시던
인자하고 다정했던 모습이
오늘도 아련히 떠오릅니다

생을 다하는 그 날까지
어머니의 헌신적인 사랑
가슴에 안고 살아갑니다.

*《지구문학》 등단 수상작

그 이름 아버지

한평생 자식 위해
이른 새벽 찬 이슬 맞으시며
일터로 향하시던
그 이름 나의 아버지

술 한잔에 시름 달래며
귀가하실 때
우리가 좋아하는 붕어빵이며
과일을 한 아름 안고 오시던
아버지 모습이 눈에 선합니다

몸과 마음이 많이
지치고 피곤하실 텐데
언제나 가정으로 귀가하시면
입가에 너털웃음과
사랑으로 감싸주고 안아주시던
그 이름 나의 아버지

당신은 자신의 생명도
아낌없이 내주는 가시고기
철없던 이 자식은
아버지의 살과 뼈를 먹고
아버지 그늘 아래
이만큼 잘 성장했습니다.

아버지 깊고 그 크신 사랑
갚을 길 없어
아버지라는 그 이름
가슴 저 깊은 곳에
눈물로 적어 봅니다

그리운 아버지 꿈에서라도
간절히 보고 싶습니다.

내 생애 마지막 한 달

낯선 당신과
부부라는 인연으로
살아온 삼십여 년 세월

만약 내 삶이 한 달 밖에
남지 않았다면

그동안 가슴 저 깊은 곳에
담아두고
쑥스러워 당신에게 사랑한다
표현하지 못했지만

남은 시간 이제는 당신을
뜨겁게 뜨겁게 포옹하며
하루에도 몇 번씩
사랑한다 말해주렵니다

당신을 사랑한다오
당신을 진정 사랑한다오

당신을 만나 행복했다오
당신을 만나
진정 진정 행복했다오.

낙화

내 청춘아
세월의 흐름 속에
시든다고 서러워 말아라

세상에 영원히
존재하는 것은
없지 않은가

지난날
우리도
젊은 청춘이었을 땐

세상에
영원히
머무를 것 같았지만

그토록 아름답고
싱그럽게 핀 꽃들도
시들어 땅에 떨어지듯이

때가 되면 꽃도 지고
우리 청춘도
시들고 지는 것을.

삶의 무게

빈 몸으로 태어나
억척같이 살아오며
여기까지 왔는데

어느새 얼굴엔 주름이 지며
검은 머리 새하얀 눈이 쌓이고
삶의 무게에 짓눌려
등은 휘고 손과 발은 부르트지

빈 몸으로 태어나
부자나 가난한 자나
떠날 때는 모든 것을
두고 가는 우리 인생

이제 삶의 끝자락에서
살아온 뒤안길 돌아보니
힘들고 슬픈 일도 많았지만
가장 흐뭇했던 추억은

사람들과 따스한 마음
따스한 정을 나누고
소통하며 살아왔던 게

가장 보람되고 행복했던
삶이었던 것 같아.

지금 여기에

세월도
쉬었다 가면 좋으련만

해가 바뀌면 싫어도
한 살 두 살 더 늘어나는 나이
내 나이 이순 중반쯤 되니
괜스레 공허해진다

나 어릴 적엔
형이 되고 오빠가 되는 게 마냥 좋아
한 살 두 살 나이 먹는 게 참 좋았었다

새순이 파릇파릇 돋아나는
꿈 많은 청소년 시절의
따스한 봄날도 있었고

신록이 짙게 우거진 여름날
꿈과 희망으로 가득 찼던
푸른 청춘의 기억

어느덧
꽃보다 더 아름답다는
단풍잎 곱게 물든
이순의 중년이라

온 세상이 하얗게 물드는
설경의 아름다운 겨울의
한때가 남아 있듯이

남은 삶 설경처럼
아름답게 살다가 떠나자.

인생

밀려왔다 밀려가는
바다 물결 같은
우리 인생

끊임없이 도전하며
한 세상
물결치듯 흐르다

낮에 저 밝은 해와
밤하늘 반짝이는
저 달과 별

보고 싶다 날 찾으면
세상 모든 사람
다 가는 그곳으로

나 또한
훌훌 털고 떠나가면
그만인 것을.

제6부

살아 있음에 감사

하소연

살다가
몸이 아프고 힘든 것은 참고 견딜 수 있다지만

마음이 힘들고 외로울 땐
어떻게 참고 견뎌야 하나요

이 밤도 저 달과 별 보며
눈물로 하소연해 봅니다

살다가 내 마음 힘들고 외로울 땐
내가 하는 하소연
귀담아 들어주고

내 편이 되어줄 수 있는
그런 사람 있다면

내 마음도 한결 가벼워지고
삶에 큰 위로가 될 텐데.

자전거 뒷바퀴

두 바퀴 자전거도
뒷바퀴가 앞지르지 못하고
따라만 가듯이

우리가 컴퓨터를 만들고
로봇을 만들고
비행체를 만들어
우주를 날아다니는 시대라도

우리들을 창조하신
하나님을 어찌
앞지를 수 있으리오

창조주 하나님이
침묵할지언정
우리 생각이 그분을
앞지를 수 없고

자전거 뒷바퀴처럼
그분을 신뢰하고
따르면 되는 것을.

불공평한 세상

세상은 왜 이렇게
불공평한 것인지
그 어느 누구는 하루하루
병마와 싸우며
살기 위해 몸부림치고

그 어느 누구는
삶을 포기하려고
어떻게 하면 고통 없이
세상을 떠날까 고심하며
세상과 이별하는 방법을 생각하는데

나에게
아무리 크나큰 고통이 있어도
견디며 살아 보자

살기 위해 병마와 싸우며
몸부림치는
그런 사람들을 생각해 보자

세상을 비관하지만 말고
긍정적으로 생각해 보자
모든 고통은 시간이
해결해 줄 것이다.

눈물

살다가
삶이 힘들고 외로울 땐
힘들다 표현하며
한세상 그렇게 살아가련다

낮에 해도 밤에 달과 별도
힘들고 외로울 땐
구름 뒤에 숨어서
눈물도 흘리며
힘들다 표현하듯이

우리 삶도
힘들고 외로울 땐
가슴속이 후련하도록
눈물도 흘리며 한세상
그렇게 살아가련다

저 밝은 태양
온 누리에 밝은 빛 비추이듯이
살다 보면
그 얼굴에 환하게 미소 짓는
좋은 날도 있을 것일세.

그림자

언제나 나만 바라보고
나만 의지하며
한평생 같이하는
나의 벗 나의 그림자여

가도 가도 끝이 없는
고달픈 나그네 인생길
외롭고 괴로워도 우린
같이 가야 되는 인생의 동반자

세상 삶이 힘들지라도
짜증 내지 말고 술 취하지 말고
웃으며 손잡고 가보자
한평생을.

빈손

세상에 태어나
재물과 명예
이 모든 것을 다
움켜쥔 것 같아도

마치 물 한 방울 손에
움켜쥐었다 펴보면
또르르 흘러내리고
아무것도 없듯이

빈손으로 떠나는 게
우리 인생인 것을.

생각

살다 보면 일이 꼬이고
잘 안 풀릴 때도 있다

이런 때일수록 짜증 내지 말자
마음만 상하니

살다 보면 그런 날도 있고
저런 날도 있더라

긍정적인 마음으로 세상을
바라보고 좋은 것만 생각하자

나쁜 생각 비관적인 생각만
하다 보면

주위에 내 편은 하나도 없는 것 같아
탈출구가 안 보이지만

긍정적으로 좋게
생각하다 보니

주위에 내 편도 많아지고
좋은 일만 생기더라.

커보니 알겠더라

철없던 어린 시절
막대사탕 한 개와
빵 한 조각 손에 있으면
마냥 좋고 행복한 걸로 알았는데

우리 집이
금수저 집안인지
흙수저 집안인지
커보니 알겠더라

내가 부모를 선택해서
태어날 수 있다면
가난한 집이 아닌
부잣집에서 태어났을 텐데
나에겐 선택권이 없지 않은가

하지만
운명을 원망하거나 탓하지 말자
가진 게 없어도 꼭 불행하다고
할 수 없지 않은가

부와 행복은 내가 개척하고
만들어가는 거지
그 누가 만들어 주는 건
아니잖아.

세월

세상의 벗들이여
세상사

무엇이
그렇게도 바쁘신가

바쁘신
세상사라지만

때로는 여유로운 마음으로
잠시나마 쉬었다 가세

물안개 자욱한 호숫가에
낚싯대 드리우고

세상사 모든 시름
다 잊은 채

흐르는 세월이나
낚아보세.

제7부

그대 향한 그리움

단풍

가을이 오면
단풍잎 붉게 물들어

꽃보다
예쁘고 아름답듯이

사랑하는 그대 모습
수줍은 듯이 바라보며

붉게 물든
내 님 모습은 마치

곱게 물든 단풍잎처럼
예쁘고 사랑스러워라.

여인 꽃

꽃 중의 꽃 여인 꽃
그대의 곱고 단아함

밝게 미소 짓는
아름다운 모습

그윽이 번지는 지분 향은
이내 가슴 설레게 하니

나 그대에게 사랑의
포로 되어

언제나 언제까지나 그대 곁에
사로잡혀 있으리.

추억하나

아무도 모르게
가슴 저 깊은 곳에
간직하고 싶은
추억 하나 있습니다

그때 그 시절
그대만 바라보면
수줍어 말 못 하고
설레이던 이 마음

그대 별빛같이 반짝이던
그 눈동자
수줍어 마주치지 못하고
곁눈질로 훔쳐보던

그 시절 순수하고
아름다웠던
그대 모습 그립습니다

어느덧 시간이 많이 흐르고
세월이 많이 흘렀어도
그 시절 그대의 순수하며
아름다웠던 모습

가슴 저 깊은 곳에
간직하고 있는
나만의 소녀입니다

지금은 그 어느 곳에서
그 누구의 아내로
그 누구의 어머니로
살고 있겠지만

그때의 순수하고 아름다웠던
소녀 모습 그대로 제 가슴속엔
영원히 남아 있습니다.

낙엽 비

지난날 그대와의
아름다웠던 사랑
가슴에 묻고
낙엽 비 내리던
둘이서 거닐던 그 오솔길

나 홀로 우두커니 서서
초점 잃은 두 눈으로
바람에 흩날리는 낙엽만
멍하니 바라보네

지난날 그대와
사랑을 속삭이며
두 손 잡고 거닐 땐
그토록 아름답게 느껴지던
낙엽 비였는데

오늘은 낙엽 비 내리는 모습이
한없이 외롭고 쓸쓸하게
느껴만 지네

그대 떠나고 한동안 방황하며
사랑 잃은 네 가슴에
또다시 사랑은 내게 찾아와
상처 난 이 가슴 어루만져 주고
치유해 줄 수 있으려나.

종이배

사랑에 목마르고
사랑에 허기지다 보니

그대가 더욱더 간절하게
보고파 보고파서

그대가 사무치게
그리운 날엔 강가에 나와

그대 향한
그리운 사연 담아

종이배 접어
강물에 띄워 보낸다

그립고 보고 싶은
내 님 계신 그곳으로.

이슬

안개 자욱한 이 밤
가신 님 그리워

뜬눈으로 지새우며
흘린 눈물

풀잎에 방울방울
이슬로 맺혀 있네

그리워라 그리워라
보고 싶은 내 님이여.

가을이 오면

단풍잎 흩날리는 그런 날에
나에게도 사랑하는 님이 있었으면
그 사람과 손잡고
호젓한 오솔길 거닐며
행복한 시간을 가졌을 텐데

현재 나에겐 사랑하는 사람이
없지 않은가
이런 외로운 날이면
아련히 떠오르는 첫사랑
그 사람이 생각난다

지나간 날들이지만
그때는 나에게도
죽고 못 살 만큼 사랑했던
다정한 사람이 있었지
나만을 사랑한다던
나 아니면 안 된다던 그런 사람이

지금은 그 어느 곳에서
행여 내 생각 조금이라도
해 주시려나
보고 싶다 보고 싶다
지금도 보고 싶다
죽도록 사랑했던 그 사람이.

그대 떠나고

나만 사랑한다고
귓가에 속삭여주던 그대가
내 곁을 떠난다니
가슴엔 세차게 찬비만 내립니다

내 곁에 있을 때
사랑을 더 많이 드렸어야 되는데
그렇지 못한 내 자신이
한없이 미워집니다

이제는 붙잡을 수 없는 그대
내 곁을 떠나가는 그대에게
차마 안녕이라는 말을
하지 못하겠습니다

안녕이라 말하면 사랑했던
그대
만날 기회가 영영
사라질 것 같아서입니다.

그대 떠나고 이 가슴은 아프고
찬비가 내려도
그대만 행복할 수 있다면
돌아서서 눈물 흘리더라도
웃으면서 보내 드리렵니다.

떠난 그대가 못 견디게
그립고 보고 싶을 땐
내 안에 있는 그대 모습
살며시 꺼내 보렵니다
그대와의 아름다웠던 사랑과 추억을

내 사랑하는 사람아
그 어느
하늘 아래 있더라도
언제나 행복하시길.

비바람 되어

창밖엔 비가 내리고
바람 부는 날이면

사랑하는
그대 모습 못 견디게

그리워 그리워 그리워서
잠 못 드는 이 밤엔

나는 한줄기 비바람 되어
그대 곁에 가렵니다

못 견디게
그대 그리운 이 밤엔

이렇게
한줄기 비바람 되어.

바람에 싣고

한여름에 뜨겁게
타오르는 저 붉은 태양은

사랑하는 내 님 얼굴에
구슬 같은 땀방울을 맺게 하니

나는
한줄기 선들바람 되어

내 님 얼굴에 맺힌
땀방울을 씻겨 주리

님을 아끼며 사랑하는
이 마음 고이 담아

바람에 실어 보내리
사랑하는 내 님에게로.

호수

고요하고 잔잔한
호숫가에 돌을 던지면
일파만파 파문이 번지듯이

그대는 내 마음 호숫가에
돌을 던져
그리움과 설렘이라는
파문을 일으킵니다

그리움을 심어준
내
사모하는 님이여

언제나
내 안에 그대가 있듯이
그대 안에 내가 있기를.

가을비

가을비
창문을 두드리는 소리에
행여 떠난 님 오시었나
가슴 두근거리며

창문 열고
사방을 둘러봐도
님 모습
보이지 않고

비에 젖어 애처로이
떨어지는
낙엽만 길가에
한잎 두잎 쌓여만 가니

혼자 남은
이 가을
나에겐 더없이
외롭고 쓸쓸하여라.

아픈 사랑

님이여 그대에게 첫눈에
반하진 않았지만
님의 아픈 상처
두 눈의 이슬 바라보며
그대에게 진한 연민과
사랑을 느꼈습니다.

하지만 그대는 마치
지난 아픈 상처에 대한
복수심인지
저에겐 너무합니다.
내 마음을 아프게 하며
가슴에 상처만 줍니다.

그대를 사랑하면서
내 마음은
그대를 사랑하는 설레임과
기쁨보다

가슴에 피멍이 드는
가슴 아픈 나날이 많지만

인내와 사랑으로
그대를
감싸 안고 가렵니다
당신의
아픈 상처
치유되는 그날까지.

당신 꽃

언제나 나와 함께
기쁨이나 슬픔도 같이하고
사나 죽으나 한결같이
내 편이 되어주는
그런 당신이
나는 참 좋습니다

내가 지치거나 힘들고
낙심할 때에
언제나 내게 위로와
사랑스러운 말로
용기를 주는 그런 당신이
나는 참 좋습니다

한 송이 화려한 꽃보다
들에 핀 이름 모를
들꽃처럼
언제나 변함없는

그런 당신이
나는 참 좋습니다

사랑으로 내게 다가온 당신
지나온 세월의 흔적은
남아있지만
당신 꽃은 언제나 내 가슴에
아름다운 한 송이 꽃으로
피어있습니다.

못다 한 사랑

내 모든 것을 다 바쳐
사랑한 그대
그 어느 날 한마디 말도 없이
철새처럼
내 곁을 훌쩍 떠나간 그대여

당신이 떠난 뒤
하루하루 살아간다는 게
너무 힘들어
오늘도
술잔을 기울여봅니다

마시면 마실수록
술잔에 어리는
그대 모습 그리워 그리워서
하루하루 고통 속에
살아갑니다

님이여
내 곁을 떠난
님이여
돌아오라 제발 돌아오라고
당신 없인 못 산다고

그대 한 사람만을 죽도록 사랑한
간절한 내 사연 담아
흘러가는 저 구름에 띄워
보냅니다
그 어느 하늘 아래 계실 내 님에게.

◇ **시평**

그동안 뛰어난 문학의 재능을
오랫동안 서랍에 가두었다

안 용 환
문학박사, 문학평론가
안양대학교 석좌교수

 이재귀 시인과는 시작법으로 인연을 맺은 지가 벌써 십수 년의 세월이 흘렀지만, 김현승 시인의 '절대고독'처럼 이재귀 시인도 감당하기 어려운 환경 탓으로 키에르케고르의 고독에 수십 년 갇혀 있다가 신실한 신앙의 힘으로 첫 시집 『내가 본 세상은 아름다워』를 계기로 절대고독을 깨고 문단에 등장했다. 150여 페이지의 가본을 미리 보내주어 찬찬히 몇 번을 정독할 수 있었다. 첫 장부터 남달랐다.
 근 시집을 여는 '서문'의 인사가 서술적으로 적당히 인사를 드리는 것이 아니라 혼魂을 담아 '내 나이 어려서 아버지를 잃고~'로 시작되는 운율과 이미지와 자기인식을

적절히 배합하여 '여정'이라는 명시名詩로 인사를 하는 감동적이고 순결하고 신선함을 느꼈다. 편집기술도 돋보였다.

   제1부 「내가 본 세상은 아름다워」로 시작해서 제7부 「그대 향한 그리움」으로 구분하였고 고비 고비 넘길 때마다 품격 높은 삽화도 집어넣어 본 시집의 흥미와 가치를 쉽게 찾아가도록 유인하여 독자를 사로잡을 감염력을 내포하고 있다.

   여기에 시를 쓸 수 있는 시작법詩作法의 기본에서부터 시작하여 이론적 깊이도 상당했다. 이러한 국문학에 필요한 지식의 완성을 토대로 이재귀 시인은 이미 2024년 《지구문학 작가회의》 제21집에 「기분 좋은 날」, 「건배」, 「눈물」 등으로 시인의 강한 이미지가 담긴 알곡 같은 명시名詩가 소개되어 한국 문단의 시인으로서의 존재감을 나타내어 이미 주목을 받고 있는 중이다. 시 내용에 있어서도 미국 시인 칼 샌드버그(carl Sandburg, 1878~1967)의 시를 쏙 빼닮았다. 그의 시는 "문을 활짝 열고 안을 들여다보는 것이 아니라 살짝 문을 닫고 그 안에 무엇이 있는지 독자들에게 상상을 맡기는 것이다"라고 했다. 이재귀 시인의 이번 초판 시집이 딱 그러하다. 문을 살짝 열고 그 안을 들여다보면 이재귀 시인의 시는 체험적이고 더욱 감미롭고 진솔하다. 그는 인생의 항해자로서 겪을 만한 것은 다 겪어온 그 인고의 체험이 문학의 강에 올라 탔다. 그래서 그의 인생의 달관을 엿볼 수 있었다. 영국의 낭만주의 거성 시인 윌리엄 워즈워드(william Wordswort, 1770~1850)는 이렇게 말했다.

"시는 인류의 위대한 교사다"라고 갈파했다면 그의 시는 "인생의 교사다."라고 말하고 싶다.

나는 1939년에 첫 시집 『와사등』을 펴낸 김광균(1914~1993)의 작품을 꽤나 좋아했다. 그중에서도 특히 「설야」를 좋아했다. 왜냐하면 「설야」의 그 작품 속에는 詩 평가에서 꼭 필요한 3大 요소라고 할 수 있는 지知, 정情, 의意의 세 가지가 잘 조화된 작품이기 때문이다. 이재귀 시인의 이번 초판 시집에 시인의 3대 요소가 아주 잘 어우러져 있다.

그의 시 내면을 찬찬히 들여다보면 이성적인 사고의 바탕 위에 상징주의적 수법, 창조적 의미, 주관적 의미가 담겨 있으면서도 시의 젖줄이라 할 수 있는 상상력도 매우 풍부했다.

마지막으로 한 말씀 전하고 여기서 그칠까 한다. 2020

년 詩 부문으로 노벨문학상을 받은 루이즈 엘리자베스 여사Louise Elisabeth Gluek는 불후의 명시名詩도 '나의 시작은 휘갈긴 낙서였다'라는 명언을 남겼음을 상기하기 바란다.

이재귀 첫 시집
내가 본 세상은 아름다워

초판 인쇄 | 2025년 9월 10일
초판 발행 | 2025년 9월 15일

지은이 | 이재귀
펴낸이 | 서영애
펴낸곳 | 대양미디어

04559 서울시 중구 퇴계로45길 22-6(일호빌딩) 602호
전화 | (02)2276-0078
팩스 | (02)2267-7888

ISBN 979-11-6072-154-6 03810
값 13,000원

* 지은이와 협의에 의해 인지는 생략합니다.
* 잘못된 책은 교환해 드립니다.